1815 ET 1840

PAR

E. Quinet.

DEUXIÈME ÉDITION,

Augmentée d'une Préface.

PARIS,

CHEZ PAULIN, ÉDITEUR,

RUE DE SEINE, 33.

—

1840.

1815 ET 1840.

Imprimerie de SCHNEIDER et LANGRAND, rue d'Erfurth, 1.

1815 ET 1840.

PAR

E. QUINET.

DEUXIÈME ÉDITION,
AUGMENTÉE D'UNE PRÉFACE.

PARIS,

CHEZ PAULIN, LIBRAIRE,

RUE DE SEINE, 33.

1840

PRÉFACE.

La situation, quoique changée, n'ayant fait que confirmer ce petit écrit, il n'a pas semblé inutile de le réimprimer, d'une part, parce qu'il convient surtout de redire ce que l'on croit être la vérité dans le moment où le pouvoir est le plus décidé à y fermer l'oreille; de l'autre, parce qu'il s'agit d'un sujet indépendant des variations du gouvernement et de celles de l'opinion. Loin de méconnaître ce qui manque à cet essai, je me propose au contraire de le compléter par une suite d'opuscules du même genre, dans le cas où la sympathie des hommes qui l'ont accueilli ne m'abandonnerait pas dès le commencement. Arracher aux disputes des partis quelques articles immuables de foi nationale, et, si la destinée achève de nous frapper par derrière, laisser au moins un testament que puissent accepter et exécuter ceux qui viendront après nous ; voilà aujourd'hui ce qu'il reste à faire aux hommes de bonne volonté dont les mains sont liées par l'apathie, l'avarice ou la pusillanimité des autres.

Qu'est-il arrivé depuis le court intervalle que je rappelle? Nous sommes descendus un degré plus avant dans le faux. Nous touchons d'un peu plus près à l'abîme; on dirait qu'un grand suicide va se consommer. C'est un État qui, frappé à la tête, s'en va comme un homme égaré, de contradictions en contradictions, défiant la raison la plus saine de calculer d'avance sa marche, du lever au coucher du soleil. Aujourd'hui, je vous abandonne l'honneur, puisque, selon vous, il coûte trop cher à sauver. Mais le bon sens, mais le droit sens, mais le sens commun, le plus ancien, le plus constant attribut de ce pays, faut-il aussi y renoncer? Écoutez.

Une administration est renversée, une autre lui succède. Qui, pensez-vous, va représenter au dedans cette politique nouvelle ? L'homme qui, hier, était au dehors le représentant de la politique qu'on vient de renverser.

Une coalition semblable à celle de 1815 se forme contre la France en 1840. Qui, pensez-vous, va couvrir la France contre cette agression nouvelle ? L'homme qui a été l'organe, le défenseur, l'ami de la coalition de 1815 !

Les cendres de Napoléon sont rendues à la France ; elles approchent ; elles vont entrer dans le port. La terre tressaille. Qui, pensez-vous, va, au nom de tous, recevoir le premier et saluer ces dépouilles ? L'homme qui était à Gand pendant que Napoléon était à Waterloo. Ah ! si c'est là l'hospitalité que vous préparez à ces cendres, elles étaient mieux sur leur rocher ; et fasse le ciel, si elles doivent toucher une France ou ennemie ou avilie, qu'elles soient, à cette heure, ensevelies dans l'Océan !

Dans cette voie de mensonge, qui donc nous ramènera au vrai ? Quel miracle social délivrera ce peuple investi au dedans et au dehors ? Est-il encore un moyen légal, normal de nous sauver ? S'il existe, je vous supplie de l'employer sans retard ; car je vois que la patience des meilleurs commence à se lasser. Ils voudraient, pour beaucoup, ne perdre ni la modération des pensées, ni celle du langage; et, en écrivant ceci, je sens moi-même que ce qu'il y a de plus difficile au monde est de s'abstenir de braver ceux qui prétendent intimider.

Il est vrai qu'un grand nombre d'hommes, qui d'abord avaient ressenti l'injure publique, se sont bientôt accoutumés à la souffrir. Ils espèrent obtenir le repos dans la honte, et déjà ils trouvent cet oreiller moins dur qu'ils ne pensaient. Je les avertis que s'ils s'y endorment, c'est la guerre qui les réveillera, non pas la noble guerre des champs de bataille, mais l'affreuse guerre intestine, puisque, avant de mourir, comme ils le veulent, dans le ruisseau, il reste encore à la France à se déchirer de ses mains.

II.

Sans parler davantage des ennemis du dedans, je dois une réponse à ceux du dehors; et comme je remarque que toutes les fois qu'il est question des traités de Vienne, les écrivains allemands se croient le plus immédiatement intéressés à les défendre, à cause de la frontière du Rhin, c'est à eux surtout que j'adresserai les réflexions suivantes :

On vous tient, avec raison, pour l'un

des peuples les plus loyaux de la terre ; à ce titre, je vous demanderai d'abord si tous, à la nouvelle des journées de 1830, vous n'avez pas cru qu'elles emportaient avec elles un changement quelconque dans le droit public des invasions. Je l'ai vu de mes yeux, et je ne l'ai pas oublié : de l'Elbe au Danube, vous avez salué, plus haut que personne, la résurrection de notre pays ; et telle était alors votre sympathie pour nous, que si, seulement, nous eussions secoué nos chaînes, plusieurs d'entre vous nous auraient aidés à les rompre. N'est-ce pas là la vérité ?

La France ayant paru bientôt se résigner, la direction de vos esprits a dû naturellement changer. Plus nous nous sommes abstenus même de l'espérance, plus vous vous êtes rattachés aux conquêtes que vous avez faites sur nous ; en sorte que nous avons laissé la politique, l'administration, l'opinion du Nord regagner peu à peu, une seconde fois, sur nous, cette rive gauche que nous avons semblé céder. Voilà le terrain que nous avons perdu depuis dix ans. Ce que vous appeliez une nécessité de notre fortune, vous l'appelez aujourd'hui ambition, fumée, désir de conquête. Voyons si la justice, l'équité sont ici pour vous ou pour nous.

Vous êtes d'un pays qui, depuis un siècle, non-seulement a conservé tout ce qu'il avait acquis, mais encore s'est accru de plusieurs provinces. Vous possédez le tiers de la Pologne, les États vénitiens, la Lombardie, la Dalmatie. La ligne du Danube vous assure votre agrandissement du côté de l'orient. Nous, au contraire, montrez-nous, je vous prie, un coin de la carte où nous n'ayons été dépouillés de quelque partie importante de nous-mêmes. Du côté de la mer, où sont nos colonies, nos îles, nos comptoirs? ils appartiennent à vos alliés. Du côté de la terre, où sont nos places fortes? c'est vous qui les possédez. Vous ne savez que trop bien que notre frontière est, non pas affaiblie, mais enlevée, et quelle énorme blessure vous nous avez faite tous ensemble depuis la Meuse jusqu'aux lignes de Wissembourg. Par là, notre flanc est ouvert. Le cœur de notre pays est, pour ainsi dire, mis à nu; et la révolution de 1830 n'a plus pour respirer même les frontières de la régence.

Si donc c'est notre ruine que vous désirez ouvertement, vous avez raison de parler comme vous faites; vous êtes des hommes conséquents avec eux-mêmes, et ce n'est pas la plume qui doit vous répondre. Oui, si vous voulez notre destruction certaine, vous avez raison de nous conseiller de rester dans les conditions où nous sommes et où nous ne pouvons manquer d'étouffer. Mais si vous reconnaissez que vous aussi, vous êtes, dans l'ordre civil, les fils de notre révolution, qu'elle est en partie la conséquence de votre réforme religieuse ; qu'ainsi nous avons, vous et nous, le même dogme politique et social à sauver, le même principe, le même intérêt, le même ennemi, vous devez désirer, comme nous, que la France ne meure pas, c'est-à-dire, qu'elle ait dans sa constitution extérieure les conditions de la durée.

Prenez garde d'obéir à des haines surannées; et par ostentation de la victoire, n'allez pas oublier vos vrais intérêts. Ceux qui depuis 1815 ne cessent de vous exciter contre nous, sont des hommes d'honneur dont je connais un grand nombre, mais qui, abusés par leur souvenir, se trompent sur le nom de leur ennemi. Ils nous cherchent où nous ne sommes plus, sur le trône du monde, nous faisant ainsi l'honneur et l'injure de confondre ce que nous sommes avec ce que nous avons été. Supposez, pour un moment, que la haine véritablement impie de ces hommes atteigne leur but, et que la France disparaisse de la terre : combien croyez-vous qu'il se passerait de temps avant que vous ne vinssiez à rencontrer la Russie et à être plongés à votre tour dans le gouffre ? Pour moi, je pense que notre destruction entraînerait immédiatement la vôtre ; car votre ennemi n'est plus parmi nous : il est dans le Nord. Le fleuve qui vous sépare de lui n'est plus le Rhin, c'est le Danube sur lequel il vous importe, en effet, de vous étendre et de vous enraciner. Grandissez, débordez avec lui ; la Providence vous attire par lui en Orient, il vous rattache aux destinées futures de l'Asie et vous invite à ses dépouilles. Enrichissez-vous des provinces qu'il baigne ; c'est de ce côté qu'est votre pente. Le Rhin a votre passé, mais le Danube seul a votre avenir.

Je sais combien ce nom du Rhin parle fortement à vos esprits, que c'est un fleuve allemand, que la patrie allemande tout entière semble attachée à sa rive, qu'il réveille en vous toutes les passions qui font que l'on tient à la terre, qu'il vous émeut d'autant plus qu'il n'appartient pour vous qu'au souvenir. Mais je sais aussi que le Rhin est un fleuve français ; que toutes les fois que la France a été grande, elle s'est baignée dans ses eaux ; que Louis XIV, Napoléon, sans parler de Charlemagne, l'ont mêlé à notre histoire ; que nos lois, nos codes, sont naturalisés sur sa rive ; que la révolution y a planté sa borne ; que l'âge héroïque de notre démocratie se marie sur ses bords aux traditions de votre moyen âge. C'est assez dire que le Rhin est désormais tout ensemble allemand et français, qu'il n'est plus exclusivement à aucun de nous; que, de nos deux peuples, celui qui prétend le posséder tout entier, commet une iniquité au détriment de l'autre. Si donc vous voulez, ce qu'ont fait la nature et le temps, le Rhin sera entre nous le fleuve d'alliance dans lequel se mêleront, s'associeront le génie de la France et de l'Allemagne, celui de la réformation religieuse et de la réformation politique, de Luther et de Napoléon, et il emportera pour jamais à la mer les haines passées. Si vous le voulez, il peut devenir encore un fleuve de sang où les fils de nos fils et leurs fils recommenceront éternellement les luttes de leurs pères. Et qui déjà se réjouit de cette bataille éternelle? Je vais vous le dire : la Russie, qui sur les ruines communes de nos deux races asseoira le trône nouveau de la race slave.

Considérez un moment combien la possession de la rive gauche du Rhin a de votre part un caractère hostile pour nous. En occupant ce bord vous ne pouvez vous empêcher de paraître menacer, car vous avez le pied sur notre seuil. Vous êtes chez nous. Vous pourriez pénétrer jusqu'à notre foyer sans rencontrer un seul obstacle, tant le piége a été bien ourdi. Au contraire, lorsque cette rive est à nous, notre position n'est encore que défensive. Nous ne sommes pas debout à votre porte; le fleuve reste entre nous; et il est si vrai que ces provinces n'entrent plus naturellement et nécessairement dans votre organisation nouvelle, que vous n'avez su comment les y rattacher, et qu'elles ne sont retombées sous votre influence que depuis qu'elles ont vu la France de 1830 déserter son rang de bataille. Hommes de bonne foi, quel lien trouvez-vous entre Saarlouis et Berlin, entre Landau et Munich? Je n'y en vois pas d'autre que celui du hasard et de la violence.

Ne redites donc plus que la possession d'une frontière est pour nous l'illusion d'une ambition factice, et ne prenez pas pour un caprice de conquête la nécessité de respirer et de vivre. Les hommes de nos jours peuvent s'endormir sciemment dans l'incurie ; cette pensée ne laissera pas de se réveiller demain, car elle n'est pas de celles qui meurent avec chaque parti ; elle est au fond de tous, elle survit à tous, ou plutôt elle appartient à la conscience publique. Quand je pense par combien de liens votre pays et le nôtre sont désormais réunis, combien ils sont d'intelligence sur presque tout le reste, j'avoue que je suis près de regarder comme une guerre civile la guerre entre la France et l'Allemagne. J'ose ajouter qu'il n'est personne de ce côté du Rhin qui désire plus sincèrement que moi votre amitié; mais si pour l'obtenir il s'agit de laisser éternellement à vos princes, à vos rois absolus le pied sur notre gorge, et de leur abandonner pour jamais dans Landau, dans Luxembourg, dans Mayence, les clefs de Paris, je suis d'avis, d'une part, que ce n'est pas là l'intérêt de votre peuple; de l'autre, que notre devoir est de nous y opposer jusqu'à notre dernier souffle. Vous-mêmes, si vous réfléchissez à ce qui précède, vous avouerez que l'équité est, ici, pour nous, puisque le Danube Turk et Valaque compensera pour vous, infailliblement et surabondamment, le Rhin français; que pour nous il n'est pas d'autre issue possible; que cette possession est notre Orient; que pour vous elle n'est que le signe de votre victoire sur des principes que vous avez adoptés, c'est-à-dire sur vous-mêmes; que l'Europe s'agrandissant de tous côtés, la France ne peut pas seule décroître; qu'en un mot, il faut ou déclarer que nous sommes de trop dans le monde, ou bien, admettant la nécessité de notre existence, admettre les conditions qui nous permettent de vivre.

PARIS, ce 15 *novembre* 1840.

1815 et 1840.

Si les hommes qui observent attentivement ce pays s'accordent encore sur quelque chose, c'est pour reconnaître parmi nous plusieurs des signes qui marquent le dépérissement d'une société. Malgré cela, la France ne croit pas à la mort. Elle se rit de ses prophètes. Est-ce légèreté, imprévoyance ou instinct profond de l'avenir ? voici le moment qui va en décider. Plût à Dieu que le mal fût tout entier dans les personnes ! La racine en serait plus facilement extirpée. Mais la question n'est pas celle d'un portefeuille. La question est, pour tout un peuple, d'être ou de n'être pas.

Cependant on nous amuse par des paroles mielleuses. Au lieu de nous montrer notre plaie saignante et d'arracher de notre cœur le trait qui nous tue, ils vont répétant en chaque lieu qu'après tout les autres sociétés sont plus malades que la nôtre. Ils osent avancer que la terre appartient à des états vieillis qui tous inclinent à la mort. Comme si les États-Unis, la Russie, la Prusse n'étaient pas nés d'hier, comme si toute la race slave, inconnue encore à elle-même, ne se levait pas aujourd'hui pour la première fois! Il ne faut pas que nous nous consolions de notre misère par des ruines artificielles; et ce qui me ferait tout craindre serait qu'on n'osât plus mesurer tranquillement la grandeur du danger.

Il est une réflexion qui devrait nous réveiller de notre stupeur. La famille des peuples à laquelle nous appartenons étroitement par le sang et l'origine, comprend l'Espagne, l'Italie, la France. De ces trois sœurs, les deux premières sont dans le tombeau. La France seule survit, qui, à son tour, commence à pâlir, pendant que la race slave et la germanique aspirent, de son vivant, à essayer sur leurs têtes la couronne de la civilisation. Je vois la Russie marcher à la conquête du Bosphore, l'Angleterre à celle de la Haute-Asie, la France, par l'Algérie, à la conquête du désert. N'y a-t-il rien dans tout cela qui vous donne à penser?

Pour moi, ce qu'il m'est impossible de pardonner aux hommes qui ont régi ce pays depuis 1830, est de n'avoir pas vu que le danger n'était pas la fièvre de la liberté, mais l'affaissement de l'État. Ils ont été troublés par le bruit de la rue; ils n'ont plus vu l'Europe. L'émeute leur a caché le monde.

Je remarque, d'un autre côté, que depuis dix ans la France devient la patrie des utopies. Plus la vie politique manque de réalité, plus on se jette dans les chimères. Le pays le plus sensé du monde se peuple de châteaux en Espagne. J'ajoute que le caractère de la plupart de ces doctrines nouvelles est l'absence de sentiments nationaux. Au lieu de la France, toutes embrassent le genre humain. On dirait qu'ayant senti la patrie disparaître, elles deviennent cosmopolites par nécessité.

Ah! je le vois bien ; nous détournons avec horreur les yeux de notre blessure. Nous ne pouvons souffrir que l'on nous en parle, quoique le seul moyen de la guérir soit de la faire toucher du doigt. Cette blessure, la voici : la bataille de la révolution française a duré trente ans ; victorieux au commencement et pendant presque toute la durée de l'action, nous avons perdu la journée vers le dernier moment. Cette bataille séculaire ressemble à celle de Waterloo, heureuse, glorieuse jusqu'à la dernière minute; mais c'est cette minute qui décide de tout. La révolution a rendu son épée en 1815 ;

on a cru qu'elle allait la reprendre en 1830; il n'en a point été ainsi. Ce grand corps blessé ne s'est relevé que d'un genou. Depuis vingt-cinq ans nous voilà courbés sous des fourches caudines, nous efforçant de faire bonne contenance, de dorer notre chaîne et de renverser le nom et la nature des choses. Car, jusqu'à ce jour, j'avais cru que l'impatience du joug est la vertu des vaincus, et que la débonnaireté ne sied bien qu'aux vainqueurs.

Si la révolution française a été vaincue en 1815, le droit public, fondé sur les traités de Vienne, est la marque légale, palpable, permanente de cette défaite. Soumis aux traités écrits avec le sang de Waterloo, nous sommes encore légalement, pour le monde, les vaincus de Waterloo. Même cette prostration de l'État, loin de disparaître en 1830, a été, à quelques égards, augmentée par le consentement. En effet, pendant la restauration, la France, garrottée par les invasions, et prisonnière de guerre, n'avait pas accepté la violence qui lui avait été faite; elle était accablée, non résignée. Son bras était vaincu, non pas son esprit. Mais, après 1830, lorsque le même droit public subsista, il parut que la France admettait son asservissement, qu'elle confirmait sa chute et mettait elle-même volontairement le sceau à sa défaite. Ce qui, jusque-là, avait semblé violence, prit le nom de légalité, puisque, par cette libre adhésion, tout un peuple se faisait, en apparence, complice de sa ruine. Joignez à cela que des traités ne sont pas une chose morte, qu'ils ont une vie propre, une influence continue, qu'agissant sans relâche, ils ont, à chaque moment appréciable, des conséquences qui deviennent des causes; qu'ils courbent insensiblement beaucoup d'esprits qui d'abord résistaient, que par là leur fardeau s'aggrave en durant. Le pays conservant dans sa plaie le fer de l'étranger, sans plus songer à l'arracher, le mal croît en silence; la paix devient aussi funeste que la guerre. Les progrès heureux de l'industrie, de l'agriculture, font oublier que ces richesses recouvrent la mort; car l'habitude rend, pour un grand nombre, le joug moins sensible. On est esclave du monde, et l'on rêve que l'on est libre, jusqu'au jour où, voulant essayer de se mouvoir, la chaîne vous retienne durement et vous rappelle la blessure et celui qui l'a faite.

De là une double conséquence, une vie fausse au dedans et au dehors. On a gagné le principe de la liberté intérieure; mais l'indépendance extérieure manque pour qu'on puisse l'exercer. Le même peuple est à la fois triomphant et brisé. On est libre, et l'on est enfermé dans un cercle de fer. On est libre, et l'on s'étonne de ne pouvoir marcher. On est libre, et l'on ne peut respirer. Comme le gouvernement, dans ses relations avec les états voisins, rencontre partout cet héritage de la défaite, que cet obstacle l'entrave à chaque pas, on croit bientôt que lui seul a tout fait, et qu'il contient tout le mal. Vainement on lui crie de porter la tête haute, sans penser que le pays traîne au pied le tronçon de sa chaîne; dans cette impuissance triomphante, peu à peu une sourde fureur s'empare des esprits; de la faiblesse de l'État naissent mille sectes qui se dévorent mutuellement. Beaucoup d'hommes, perdant l'antique respect pour leur pays, perdent en même temps le respect pour eux-mêmes. A mesure que la fierté du citoyen ne les protége plus, ils s'affaissent moralement et se dégradent de leurs propres mains. D'autres qui, plus énergiques, eussent été capables de servir la fortune publique, ne trouvant à sa place qu'un fantôme, se rejettent avec frénésie dans la poursuite de la fortune privée, et se proclament insolemment rois de cette société morte.

Comme on sent en toutes choses une force cachée qui pousse au déclin, les volontés usées se démettent devant elle, en sorte que la fatalité, déguisée sous d'autres noms, est le dogme qui régit tous les esprits; d'où il résulte que plus les cœurs sont faibles, plus on parle de la force des choses. En même temps, plus le mal s'aggrave, plus on y cherche de petits remèdes. Tout se déprave. La situation fausse du pays altère l'intelligence de chaque individu. L'esprit le plus vif, le plus judicieux se perd dans la subtilité des Byzantins. Je ne sais quoi de louche, de frauduleux se glisse dans les relations les plus simples; conscience, pensée, génie, deviennent une marchandise avariée dont on trafique impunément. On remarque que les écrivains montrent une corruption plus savante, plus audacieuse que celle des hommes vieillis sous le harnais; dans la crainte de passer pour rêveurs, ils se hâtent de se montrer pratiques en montrant tous leurs vices. Chaque homme n'a plus alors qu'une seule affaire, qui est de ne proclamer aucun principe, de ne donner aucun otage à la vérité, de ne laisser en arrière aucune théorie qui puisse un jour se relever contre lui. Chacun efface la trace de ses pas et retourne en tous sens ses maximes, comme le voleur des bœufs sacrés qui faisait marcher ses troupeaux à reculons. Le mensonge entrant ainsi, de plus en plus, au cœur du pays, on voit un peuple entier qui commence à chanceler et à défaillir, comme s'il avait été empoisonné au grand jour. A mesure que l'État, ainsi déprimé, va en s'affaissant, tous les individus sont subitement rapetissés. Au lieu de puiser la force dans la société, on s'atténue, on s'énerve à son souffle cadavéreux.

Le pouvoir, loin de vous grandir, vous rabaisse ; l'alliance, loin de vou. fortifier, vous détruit ; et pour der nière marque de dégénération so ciale, il arrive que l'homme est d'au tant plus faible, plus petit, plus mé chant qu'il est moins seul.

Cependant la liberté, dont on a rétabli le principe, continue d'obséder les intelligences qui la poursuivent vainement au milieu d'un tel ordre de choses ; et, dans cette recherche de l'impossible, on achève de perdre de vue l'État. Bien plus, on se persuade que si l'on était libre, on serait fort, et l'on ne voit pas, au contraire, qu'il faudrait être fort pour pouvoir être libre. Dans cette contradiction, ne sachant où trouver le remède d'un mal que l'on veut ignorer, on se borne à changer incessamment le visage et le nom de ceux qui gouvernent ; et le pays roule ainsi dans une roue infernale, hors de laquelle il n'aperçoit point d'issue. Que devient alors le pouvoir ? Il voit le mal de plus près, et désespère de le guérir ; sans lendemain, privé de la satisfaction que donnent les grands desseins, il ne lui reste qu'à jouir hâtivement, et à se repaître de lui-même. De là le spectacle d'une poignée d'hommes se disputant, les uns après les autres, dans le vide, l'autorité pour l'autorité; n'ayant d'autre système, d'autre projet arrêté que de s'enivrer à leur tour à la même coupe; toujours prêts d'ailleurs à se déchaîner les uns contre les autres, ou à s'unir étroitement, selon le besoin; ne colorant plus même d'aucune apparence les brigues, les ligues, les convoitises empoisonnées; mêlant du même air la flatterie et la calomnie; industrieux à ruiner le pays par la royauté, et la royauté par le pays; surtout s'associant, à propos d'honnêtes gens, des cœurs loyaux qui deviennent les boucs émissaires qu'ils livrent à la dent de l'opinion abusée et inique à son insu. Au milieu de tout cela, imaginez le ministère le plus désintéressé, le plus intègre; que pourrait-il faire contre une situation semblable, supposé qu'il l'accepte? Bientôt il serait rejeté, comme tous les autres, dans les conséquences inexorables d'un événement accompli, c'est-à-dire d'un joug consenti. Obligé d'allier la liberté intérieure avec la servitude extérieure, il périrait, comme tous les autres, par la contradiction; car, sous cette nécessité, le mensonge est partout. Mensonge au dehors : on assure l'étranger que le pays est résigné. Mensonge au dedans : on assure le pays qu'il est indépendant. Mensonge du peuple lui-même : il prend en haine la vérité qui l'irrite et embrasse la fiction qui l'endort.

Si la situation est telle au dedans, elle est pire au dehors. Aussi longtemps que le peuple qui a subi la défaite n'entreprend rien de sérieux, ses vainqueurs consentent à lui laisser croire qu'il a tout regagné. On alonge sa chaîne, il pense que le temps l'a usée ; mais le jour où il veut reparaître avec éclat et toucher aux grandes affaires, la dépendance où il est réduit, et qu'il a acceptée, se fait rudement sentir.

C'est là aujourd'hui ce qui arrive à la France. Elle a pu songer que les traités de 1815 étaient au moins à demi effacés tant qu'elle s'est occupée d'intérêts secondaires. Anvers, Ancône ont servi à lui faire illusion à cet égard. On l'a laissée caresser sa chimère quand rien de décisif n'était au fond de sa politique; mais, dès qu'a éclaté l'affaire capitale, celle d'Orient, qui enveloppe et absorbe toutes les autres, les voiles sont tombés; l'affreuse réalité du droit public fondé par les invasions a reparu; les liens de 1815 ont été subitement rattachés; la chaîne du Titan était là, il n'a été besoin que de la resserrer. La France a été replongée dans cette solitude muette que la défaite a tracée autour d'elle. Comme si elle avait perdu une seconde fois la bataille, elle s'est trouvée de nouveau au lendemain de Waterloo. Que l'on analyse tant que l'on voudra la situation présente, toujours on trouvera d'un côté la France traitée comme la grande vaincue, de l'autre, l'Europe infatuée de ses souvenirs, et tranchant en victorieuse les affaires du monde.

Lorsque je réfléchis que depuis 1830 les hommes qui se sont succédé au gouvernement ont tous été déprimés plutôt que soutenus et relevés par le pouvoir, que tous ils ont montré la même politique, je ne peux croire à la ligue de tant d'hommes contre leur pays. Un seul homme d'honneur qui se fût trouvé parmi eux eût fait échouer leurs combinaisons, et assurément on en compte plusieurs qui méritent ce nom. Leur intérêt était de se glorifier avec le pays; et, de bonne foi, qu'eût perdu la couronne elle-même à l'éclat de la France ? Pourquoi donc chacun d'eux, à peine parvenu au pouvoir, semble-t-il s'y perdre et s'y engloutir comme dans un sol ruiné ? Évidemment parce que le pouvoir en lui-même est faible, parce que l'État est sourdement miné, parce que la France a accepté des conditions auxquelles il lui est impossible, je ne dis pas de commander, mais de vivre. Non, tout le mal n'est pas dans le ministère ; non, il n'est pas tout dans la couronne, il n'est pas tout en Orient. Ne le cherchez pas si loin : il est en grande partie en nous-mêmes, qui, voulant la splendeur de l'État, acceptant, conservant, consacrant toutes les obligations de la défaite, ne vivons que de contradictions, et prétendons concilier les honneurs de la victoire avec les douceurs de la résignation.

Si je ne veux pas fermer les yeux à la lumière du jour, je ne puis m'empêcher de voir clairement qu'emportée par la nature même du droit public auquel elle obéit, la France descend chaque jour un degré. De loin à loin elle s'arrête, comme frappée de stupeur. Elle remonte précipitamment de quelques pas; mais la force des faits acceptés, consentis, l'entraîne; et, chaque année, le lien devient plus difficile à rompre, en sorte que les amis de ce pays commencent à douter de ses destinées. Dans les pays étrangers, il arrive quelquefois que les peuples ne voient plus que son drapeau comme le pavillon d'un bâtiment qui, ouvert dans ses œuvres vives, sombre en plein calme. Et si quelqu'un jette le cri de détresse, il devient importun et au pouvoir et à l'opinion qui sommeillent. Cependant, je le jure, ce chemin est celui de l'abîme. Il faut avoir le cœur d'en sortir ou cesser d'être.

Car ils savent notre faible, et c'est par notre vanité qu'ils nous conduisent. Ils nous répètent que nous sommes les rois légitimes de la société moderne, qu'elle ne peut se passer de notre domination, que toutes nos fautes sont impuissantes à nous faire perdre la souveraineté du monde politique et civil. Ils flattent ce peuple par les paroles usées déjà au service de la vieille royauté; et ce peuple, aussi crédule que les dynasties tombées, se laisse prendre au même piége. Il s'admire dans son oisiveté. Si un jour il s'aperçoit qu'il déchoit, il s'en console bientôt en pensant de quelle hauteur il domine les autres sociétés; et sans crainte il se sent abaissé, certain que, quoi qu'il fasse, elles lui serviront toujours de marchepied. Or, c'est là un effroyable vertige et dont il faut nous hâter de sortir ; car, si nous pensons pouvoir rester longtemps les rois fainéants du monde moderne, et que personne ne nous enlèvera cette couronne de l'opinion, détrompons-nous. Tout marche, tout s'élève, tout grandit, tout s'accroît autour de nous. Seuls, infatués de notre grandeur passée, nous nous remettons à nos pères du soin de notre destinée, vivant de paroles pendant que les autres vivent d'actions. Ils ont déjà pour eux la richesse, l'industrie, les positions qu'ils ont prises sur nous, le nombre, la force matérielle. Que nous resterat-il quand on nous aura ôté le cœur?

Il ne sert de rien de traiter nos adversaires de barbares ou d'insensés; on ne fera prendre le change à personne par ces injures. La Russie et l'Angleterre sont dans les voies de la civilisation, lorsqu'elles prétendent, chacune à sa manière, unir l'Europe à l'Orient. L'Angleterre en particulier, que l'on nous dépeint comme aliénée, consent à partager les dépouilles avec les Russes, certaine que leur tout refuser, c'est risquer de tout perdre. Rester neutre dans cette question, c'est rester neutre dans l'affaire de l'humanité même, et vieillir de plusieurs siècles en un moment. Gardons-nous de nommer ajournement, temporisation, désintéressement, ce qui partout ailleurs et dans toutes les langues s'appellera abdication. Toute puissante qu'elle était, Venise est morte le jour où elle a été exclue par les Portugais du grand chemin que prenait la civilisation par le cap de Bonne-Espérance. Que deviendrait la France le jour où elle serait exclue du mouvement qui entraîne l'Occident à rejoindre l'Asie, et quel nom resterait à ce pays privé à la fois du Rhin et de la Méditerranée?

Voilà le mal; il est profond; c'est

à vous de savoir si vous voulez le guérir, car, ici, la volonté est le premier remède. Je ne sais au reste si vous avez assez réfléchi sur ce que peut désormais être la guerre pour ce pays, et il est dangereux seulement d'en parler, si vous ne voulez la bien faire. Premièrement, il ne faut compter que sur nous-mêmes ; secondement, nous ne pouvons reculer d'un pas sans périr. Songez, en effet, qu'après les doubles invasions, le jeu commence à devenir sérieux pour nous. Admettez par la pensée, aux conditions les plus modérées, la moindre lésion de territoire, dissimulée sous le nom de capitulation, je dis que la France n'est plus qu'un séjour de mort, semblable à la campagne de Rome et à tous ces déserts fleuris qui tiennent la place d'un empire tombé. Mettez donc la main sur le cœur : êtes-vous décidés sérieusement, irrévocablement, à périr jusqu'au dernier plutôt qu'à endurer de nouveau la défaite? Êtes-vous d'humeur à faire de chacune de vos cités, s'il le faut, une Sarragosse française ? Le mot de capitulation sera-t-il effacé de la langue aussi longtemps que le succès sera incertain de ce côté? Sentez-vous la terre frémir sous vos pas, et dans vos poitrines la force nécessaire pour décupler celle du pays? Saurez-vous supporter, non pas l'ardeur du combat, mais la privation de vos biens et de vos jouissances accoutumées? Surtout, les partis, les factions nous feront-ils trêve un moment, et ce vieux mot de patrie, que personne n'ose plus prononcer, parlera-t-il au cœur des hommes? Dans ce cas, après avoir invoqué votre droit, acceptez la guerre. Sauvez la France! sauvez l'avenir! sauvez tout ce qui périt!

Mais (ce qu'à Dieu ne plaise) si vous pensez que ces conditions n'existent pas, qu'est-il besoin de parler davantage ? il n'est plus temps de se sentir mourir.

De plus, ce ne sont pas tous les gouvernements qui peuvent suffire à cette guerre; et il est trop évident que le nôtre, ordonné pour la paix, serait contraint de se transformer sous le feu. La Chambre des députés ne porte pas assurément dans son sein un comité de salut public, et celle des Cent Jours, pleine aussi de bonnes intentions, a démontré pour jamais qu'au moment du danger la dictature inflexible est encore plus humaine, plus libérale, que ces molles assemblées toujours empressées à accommoder le différend, c'est-à-dire à faire accepter aux peuples, sous la forme d'une capitulation emmiellée, l'esclavage et la mort.

Reste à savoir en qui se concentrerait la force, et qui saurait, qui pourrait tout usurper pour tout sauver. La Chambre élective n'a pas en elle les éléments d'une transformation semblable ; entre elle et la réforme il n'y a pas seulement une pétition, mais une révolution ; le péril venu, elle serait plus près du rôle du Corps législatif que de celui de la Convention ; la royauté arriverait donc avant elle à la dictature ; et même le danger serait que, poussée à bout, obligée de se jeter dans la guerre, menacée de périr au dehors si elle l'accepte, au dedans si elle la refuse, elle rêvât pour un moment d'une renaissance de l'empire, d'une armée sans les peuples, d'un Austerlitz sans un Napoléon.

Je suppose, ce qui est bien plus probable, que par une issue quelconque la paix soit maintenue, qu'arrivera-t-il? D'abord, en exaltant inutilement les esprits, on aura malgré soi usé ce pays; on aura dépensé en fausse monnaie les sentiments qui font la vie et le salut d'une nation. Ces mots de patrie, d'enthousiasme, d'héroïsme, que l'on aura subitement gonflés de vent, ne paraîtront plus qu'une déception à ceux qui les auront sérieusement écoutés. Beaucoup se repentiront de leur générosité comme d'une faiblesse d'esprit, et après avoir eu foi dans l'apparence, le danger survenant, ils seront sourds à la réalité. J'admets en outre que, dans la joie que causera le maintien de la paix, il soit facile d'amuser l'opinion. On démontrera que la France n'a rien perdu, que l'honneur est sauf, que le nuage s'est dissipé, que tout étant rentré dans l'ordre, chacun peut retourner à ses intérêts privés. Combien de temps ce repos durera-t-il? le temps nécessaire pour que des faits portent leur conséquence. A la fin, les choses parleront plus haut que les hommes. La même cause subsistant, le mal nourrira le mal; et toujours déclinant, pendant que d'autres s'accroissent, ce pays se réveillera tôt ou tard par la violence de la chute. Il se verra dans sa ruine, et ne pouvant plus douter de sa misère, il cherchera autour de lui sur quoi exercer sa colère; et, comme il l'a fait en 1830, où est l'impossibilité qu'il se venge de sa décadence sur son gouvernement, c'est-à-dire sur lui-même? Telle est la conséquence inévitable à laquelle il est conduit, si rien ne suspend et n'arrête sa chute. Plus il aura été lent à croire à sa propre déchéance, plus elle le poussera au désespoir lorsqu'il la sentira flagrante et qu'il la touchera de ses mains. Le gouvernement deviendra lui seul responsable de toutes les misères consenties et endurées, de toutes les injures reçues. On croira s'abriter sous sa ruine. Abandonné, livré par ses propres amis, il expiera la corruption de quelques-uns et la faiblesse de tous.

Mais, ce changement arrivé, le mal serait-il moins grand? Chaque parti prend avantage du renversement de tous les autres. La bourgeoisie se réjouit de la chute de l'aristocratie, la démocratie de la chute de la bourgeoisie, sans s'apercevoir que l'État est presque toujours de moitié dans chacune de ces ruines; on s'accoutume à croire que l'on possède, dans une doctrine, le remède de tous les maux, et que tant que l'opinion à laquelle on appartient n'est pas atteinte, la détresse et les défaites publiques ne doivent compter pour rien; on ne voit pas que sous le nom de chaque parti, c'est toujours la France qui reçoit la blessure.

Je reconnais que depuis un quart de siècle la royauté et le peuple s'ac-

cordent parfaitement sur un point :
à savoir, qu'ils ne peuvent ni l'un ni
l'autre fonder aucun établissement
durable. Tous ceux qui touchent au
gouvernement nous parlent de la faiblesse du pouvoir ; tous ceux qui appartiennent au peuple parlent des
misères de la liberté. D'où vient cet
accord constant des partis les plus
opposés, si ce n'est d'une cause
commune aux uns et aux autres,
c'est-à-dire du dépérissement de
l'État ? Plus j'y pense, plus je reste
persuadé que ni le despotisme, ni
la liberté, ni le gouvernement, ni
les partis, ne peuvent se fonder
d'une manière assurée sur un État

dont les bases ont été mutilées par la guerre, et que la paix n'a pas tenté de réparer. Chaque jour, je me convaincs que le pouvoir chancellera aussi longtemps que chancellera le pays, assis sur les traités de 1815 ; qu'il n'est pire fondement que la défaite ; que surtout il faut désespérer de la liberté, si l'on ne peut recouvrer l'indépendance. L'État craque sur les bases menteuses que nos ennemis lui ont faites de leurs mains, et, au lieu de le secourir, nous nous rejetons les uns aux autres la cause de ce dépérissement général. Je vois autour de nous des pays où l'on est una-

nime dans des projets de conquête ;
ils marchent, malgré leurs divisions apparentes, comme un seul homme, à l'accomplissement de leurs desseins sur le globe. Et nous, non-seulement nous nous interdisons, comme au vieillard de la fable, toute vaste pensée, tous longs espoirs, tout projet d'accroissement, mais nous ne pouvons même nous réunir pour reconnaître le mal qui nous fait tous périr, si on le laisse durer. Nous accusons des ministres, des partis, des factions, pour nous dispenser de voir la plaie à l'endroit où elle est. Aujourd'hui, nous la sentons en Orient, parce

que c'est là qu'est le nœud des affaires; demain, nous la sentirions ailleurs, si le foyer des événemens pouvait se déplacer. Le droit public de 1815 pèse sur nous comme la fatalité, et nous nous amusons à discuter sur le bon ou le mauvais vouloir de quelques hommes, impuissants comme nous, parce qu'ils sont, comme nous, courbés sous le même joug de la défaite.

Vous dites que la France a perdu sa politique, qu'elle ne sait où trouver sa voie. Je réponds que, par la nature des choses, cette politique est tracée d'une manière tout aussi rigoureuse que celle de l'Angleterre et de la Russie. Ces deux derniers pays ne font pas un mouvement qui ne les rapproche de leur but, la conquête de Constantinople et des Indes. Pour la France, il ne s'agit pas tant de conquérir que de s'affranchir, non pas tant de s'accroître que de se réparer; elle ne doit pas faire un mouvement qui ne la mène à la délivrance du droit public des invasions. Tout ce qui est dans cette voie est bien, tout ce qui y est contraire est mal. Royauté, république, juste-milieu, démocratie, bourgeoisie, aristocratie, hommes de théorie, hommes de pratique, tous ont là-dessus le même intérêt; c'est le point où leur réconciliation est forcée, puisque chacun de nos partis ne sera rien qu'une ombre aussi longtemps qu'il n'y aura parmi nous qu'une ombre de France, et que nos débats intérieurs seront stériles et pour le monde et pour nous-mêmes, tant que, d'une manière quelconque, par les négociations ou par la guerre, nous ne nous serons pas relevés du sépulcre de Waterloo. C'est ainsi que l'Allemagne est restée méconnaissable aussi longtemps qu'a duré le traité de Westphalie.

Voilà la vérité élémentaire que

rien ne peut ébranler, le *delenda Carthago* que toute plume doit écrire, toute bouche répéter sans relâche. Voilà la véritable réforme qu'il faut pétitionner par l'épée, si la plume ne peut rien obtenir; car c'est la réforme de laquelle dépendent toutes les autres, et sans laquelle toutes les autres ne sont rien que chimère. Cherchez quel peut être le premier mot du catéchisme politique de tous les partis, vous n'en trouverez pas d'autre; en sorte qu'en l'absence de croyances plus vastes, celle-là, du moins, demeure enracinée et défie tous les sophismes. Je sais qu'il est dangereux, jusqu'à la mort, de toucher à ces traités; mais je sais aussi que nous périssons immanquablement, si nous ne pouvons en sortir; et je vois devant nous la vieillesse prématurée qui s'avance. Car, pour porter haut le drapeau de la civilisation moderne, il faut un peuple qui, loin de chanceler à chaque pas, soit, au contraire, appuyé sur des bases inexpugnables. Il faut que les nations qui lui confient ce dépôt se reposent en sa force. Que l'immensité du danger relève donc les esprits, au lieu de les abattre. Si la Russie se déclare la protectrice de la Turquie expirante, que la France s'avoue la protectrice, non pas d'un coin de terre, mais des libertés naissantes du continent, et qu'elle se persuade que son salut est attaché à son reste de vertu. Songez que l'enthousiasme tant de fois évoqué finira par s'éteindre, que l'occasion est grande, que c'est peut-être la dernière; qu'après l'avoir perdue en 1830, si nous la perdons en 1840, ce pourrait bien ne pas être un ajournement, mais une démission. Chacune des difficultés que nous évitons sans les résoudre s'amasse pour peser davantage sur ceux qui viendront après nous, et ce qui fait aujourd'hui notre repos fera plus tard leur désespoir. Oui, assurément, plus que jamais, il est convenable, il est louable, il est nécessaire, il est urgent de lever des troupes, d'armer des vaisseaux, de fortifier les villes. Mais tout cela n'est rien si, en même temps, vous ne fortifiez, vous n'armez vos esprits, si vous n'entourez vos cœurs d'une muraille inaccessible à la crainte, si les volontés surtout ne se retrempent pas, ne s'inspirent pas, ne se roidissent pas dans le péril lui-même ; puisque l'isolement auquel nous sommes réduits ne vient pas de la méchanceté de quelques hommes, mais de la situation que les événements nous ont faite, et que la volonté peut encore abolir. Songez que, plus notre faiblesse se montre, plus elle augmente; qu'il est temps de se décider entre la renaissance et la ruine; qu'il est insensé de prétendre au protectorat de la civilisation, et de vouloir conserver les stigmates de la défaite; qu'enfin nous ne pouvons continuer d'être tout ensemble l'objet de l'espérance et de la pitié du monde.

O France! pays de tant d'amour et de tant de haine, qu'arriverait-il si, la flatterie t'égarant à ton tour, tu ne voulais plus entendre que tes courtisans; si la vérité te devenant odieuse, ceux qui te pallient le danger étaient seuls écoutés; si ton nom n'était plus une protection, et ta force un refuge pour tous les faibles? Ce jour-là, il faudrait croire les prophéties de mort qui annoncent la chute des sociétés modernes et la ruine de toute espérance.

Septembre 1840.